baba - koulu	2
baba - matka	5
dadadada - kuljetus	8
dadaba - kaupunki	10
dada - maisema	14
nom nom! - ravintola	17
dada nom nom - supermarketti	20
dadababa - juomat	22
nom nom! - ruoka	23
dadaba - maatila	27
dadaba - talo	31
dadadada - olohuone	33
bababa - keittiö	35
bababa - kylpyhuone	38
meina - lastenhuone	42
baba - vaatteet	44
baba - toimisto	49
badada - talous	51
ba - ammatit	53
dada - työkalut	56
bababa - soittimet	57
bababa - eläintarha	59
ba - urheilu	62
dadadada - aktiviteetit	63
dadababa - perhe	67
dadababa - vartalo	68
aua! - sairaala	72
aua! - hätätilanne	76
dada - maa	77
dada - kello	79
babadada - viikko	80
dadaba - vuosi	81
dadababa - muodot	83
dadababa - värit	84
dadadada - vastakohdat	85
dadaba - numerot	88
dadadada - kielet	90
da / da / da - kuka / mitä / miten	91
babababa - missä	92

AF219188

Impressum
Verlag: BABADADA GmbH, Nedderfeld 112 , 22529 Hamburg
Geschäftsführer / Verlagsleitung: Harald Hof
Druck: Books on Demand GmbH, In de Tarpen 42, 22848 Norderstedt

Imprint
Publisher: BABADADA GmbH, Nedderfeld 112 , 22529 Hamburg, Germany
Managing Director / Publishing direction: Harald Hof
Print: Books on Demand GmbH, In de Tarpen 42, 22848 Norderstedt

baba
koulu

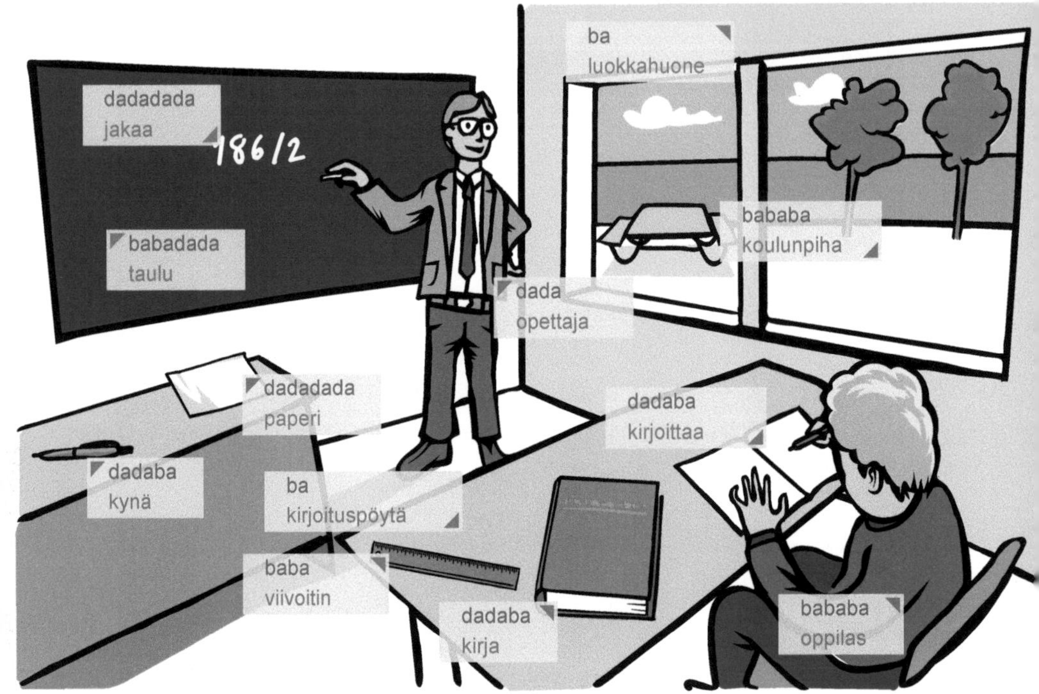

ba
luokkahuone
dadadada
jakaa
186/2
babadada
taulu
bababa
koulunpiha
dada
opettaja
dadadada
paperi
dadaba
kirjoittaa
dadaba
kynä
ba
kirjoituspöytä
baba
viivoitin
dadaba
kirja
bababa
oppilas

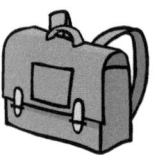

dadaba

reppu

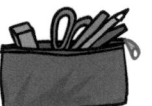

dada

penaali

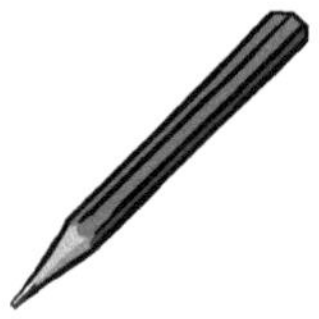

bababa

lyijykynä

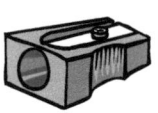

dadaba

kynänteroitin

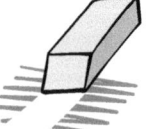

baba

pyyhekumi

ba

piirustuslehtiö

bababa

piirustus

ba

pensseli

dada

vesivärit

babadada

sakset

dadaba

liima

dadadada

harjoituskirja

babadada

kotitehtävä

12

bababa

luku

2+2

dadaba

lisätä

5-2

bababa

vähentää

2×2

badada

kertoa

dadababa

laskea

A

babababa

kirjain

ABCDEFG
HIJKLMN
OPQRSTU
VWXYZ

babababa

aakkoset

hello

dada

sana

babadada

teksti

dadadada

lukea

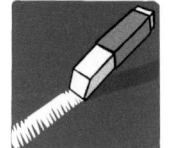

dada

liitu

babababa

oppitunti

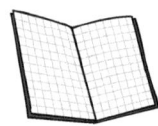

ba

opettajan muistikirja

baba

koe

babababa

todistus

babadada

koulupuku

babababa

koulutus

dadababa

sanakirja

babababa

yliopisto

dadababa

mikroskooppi

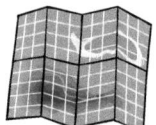

bababa

kartta

babadada

roskakori

baba
matka

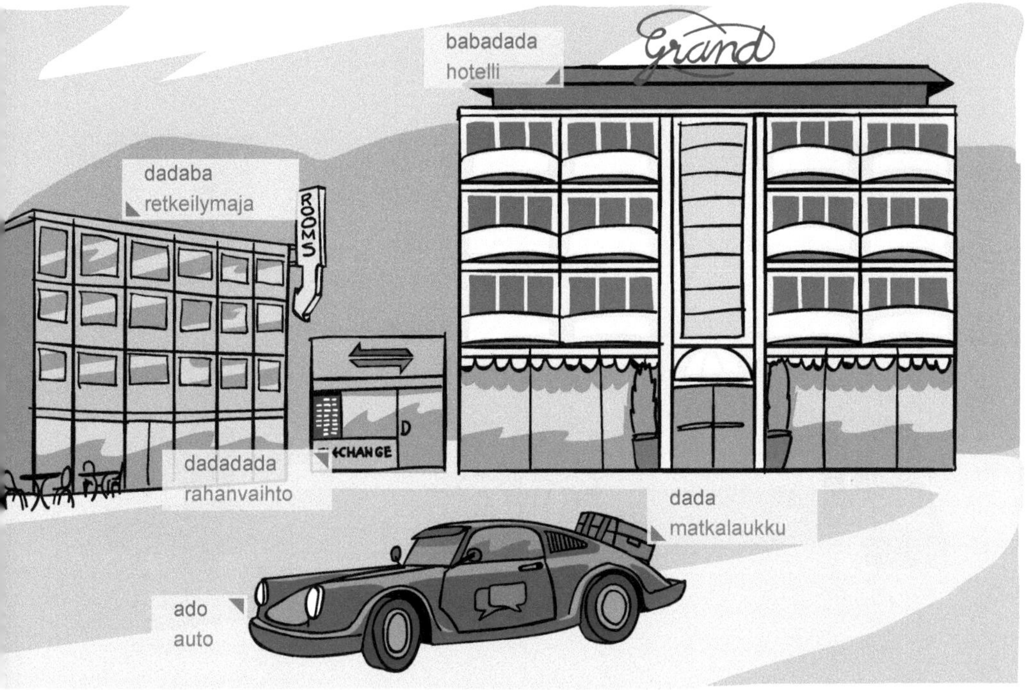
babadada
hotelli
Grand
dadaba
retkeilymaja
ROOMS
dadadada
rahanvaihto
CHANGE
dada
matkalaukku
ado
auto

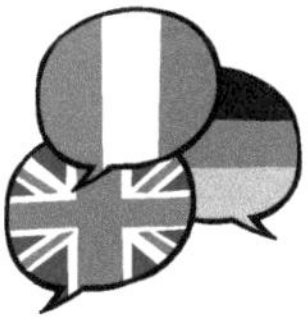

dadadada

kieli

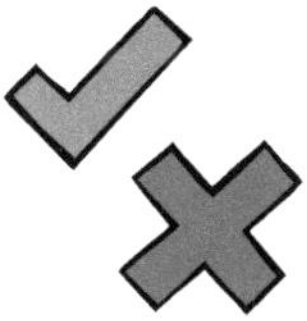

da / meh

kyllä / ei

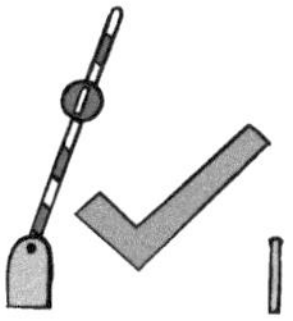

Oh

selvä

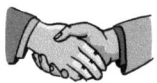

ba

hei

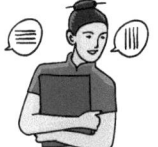

dada

tulkki

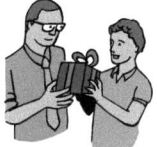

dada

kiitos

bababba

Paljonko...maksaa?

ah

en ymmärrä

dadaba

ongelma

ba dada

Hyvää iltaa!

babadada

Hyvää huomenta!

heia!

Hyvää yötä!

dadaba

näkemiin

badada

suunta

dada

matkatavarat

babababa

laukku

babababa

reppu

baba

vieras

dadadada

huone

dadadada

makuupussi

dada

teltta

dadadada

turisti-info

badada

ranta

babadada

luottokortti

dadababa

aamupala

baba

lounas

bababa

päivällinen

dada

matkalippu

dada

hissi

babadada

postimerkki

badada

raja

dadaba

tulli

babadada

suurlähetystö

dadaba

viisumi

dada da da da

passi

baba
lentokone

dada
laiva

baba
paloauto

bababaa
linja-auto

bababa
kuorma-auto

dada
moottorivene

ado
auto

dadadada
polkupyörä

babadada
lautta

baba
vene

bababa
moottoripyörä

ado
poliisiauto

ado
kilpa-auto

auto
vuokra-auto

dada

car sharing

ado

hinausauto

ado

roska-auto

brumbrum!

moottori

bababa

polttoaine

dada

huoltoasema

dadaba

liikennemerkki

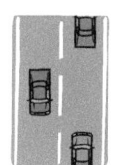

badada

liikenne

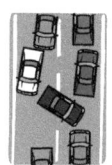

ado ado

ruuhka

babadada

parkkipaikka

babababa

rautatieasema

dada

raiteet

dadaba

juna

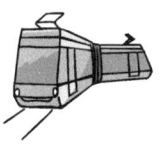

baba

raitiovaunu

dadaba

vaunu

baba

helikopteri

baba

lentokenttä

dadaba

lähilennonjohto

baba

matkustaja

badada

kontti

dada

pahvilaatikko

baba

kärryt

dadadada

kori

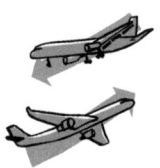

da / bada

nousta / laskea

dadaba
kaupunki

bababa

kylä

dadababa

keskusta

dadaba

talo

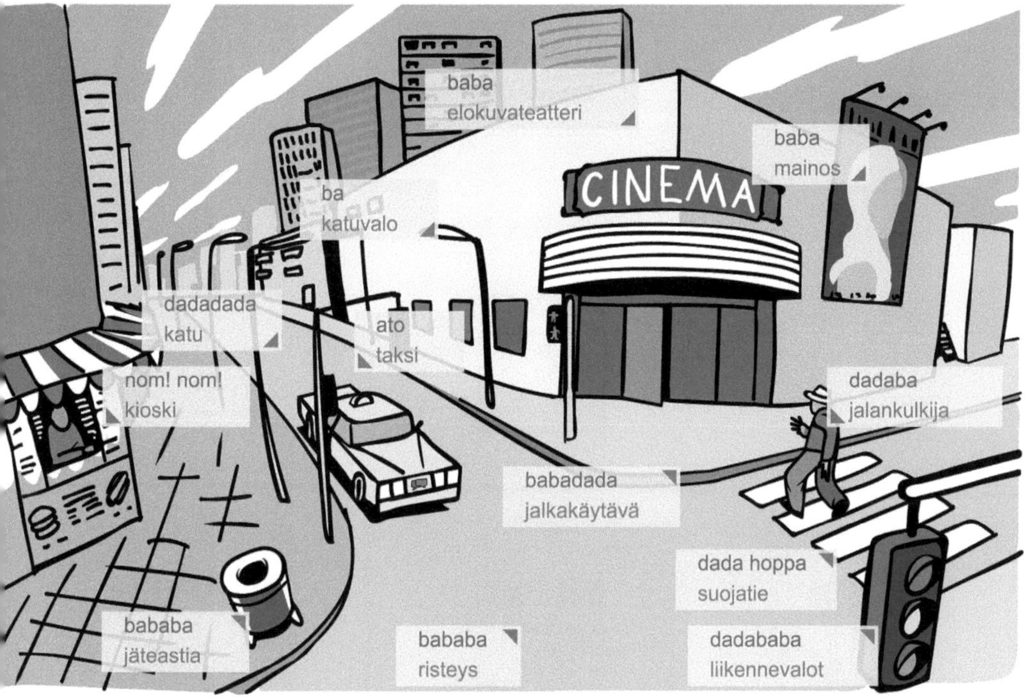
baba
elokuvateatteri
CINEMA
baba
mainos
ba
katuvalo
dadadada
katu
ato
taksi
nom! nom!
kioski
dadaba
jalankulkija
babadada
jalkakäytävä
dada hoppa
suojatie
bababa
jäteastia
bababa
risteys
dadababa
liikennevalot

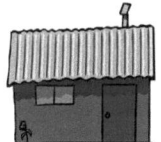

babadada

mökki

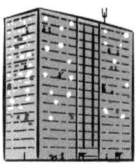

dadadada

kerrostalo

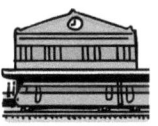

babababa

rautatieasema

dadaba

kaupungintalo

MUSEUM

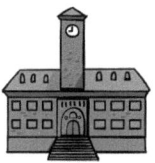

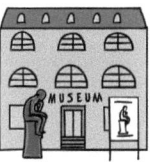

bababa

museo

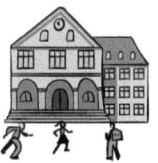

baba

koulu

babababa

yliopisto

dadadada

pankki

aua!

sairaala

babadada

hotelli

aua!

apteekki

baba

toimisto

bababa

kirjakauppa

ba

liike

dadaba

kukkakauppa

dada nom nom

supermarketti

dadadada

tori

dadadada

tavaratalo

nom! nom!

kalakauppias

baba

ostoskeskus

ba

satama

dadadada

puisto

baba

penkki

babababa

silta

dadadada

portaat

bababa

metro

baba

tunneli

ba

linja-autopysäkki

babababa

baari

nom nom!

ravintola

dadaba

postilaatikko

dada

katukyltti

baba

parkkimittari

bababa

eläintarha

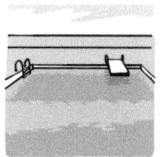

dada

uimala

baba

moskeija

dadaba
....
maatila

dadababa
....
ympäristön saastuminen

bababa
....
hautausmaa

ba
....
kirkko

dadababa
....
leikkikenttä

bababa
....
temppeli

dada

maisema

baba
lehti

baba
tienviitta

dada
tie

bababa
niitty

baba
kivi

dadababa
puu

dada
retkeilijä

bababa
joki

dada
ruoho

mama!
kukka

badada

laakso

bababa

vuori

dadadada

järvi

dadadada

metsä

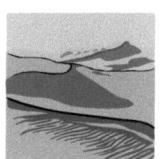

dadababa

aavikko

dadaba

tulivuori

babababa

linna

dadaba

sateenkaari

bababa

sieni

dadababa

palmu

aua!

hyttynen

badada

kärpänen

dadababa

muurahainen

summ summ

mehiläinen

dada

hämähäkki

dadaba

kovakuoriainen

quak

sammakko

dadababa

orava

dadaba

siili

baba

jänis

gackgack

pöllö

gackgack

lintu

gackgack

joutsen

babadada

villisika

dadadada

peura

dadadada

hirvi

dadadada

pato

ba

tuulimylly

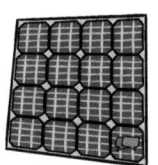

dadadada

aurinkopaneeli

bababa

ilmasto

dadadada
tarjoilija

baba
ruokalista

dadaba
tuoli

nom! nom!
keitto

nom nom!
pitsa

babababa
pöytäliina

ba
ruokailuvälineet

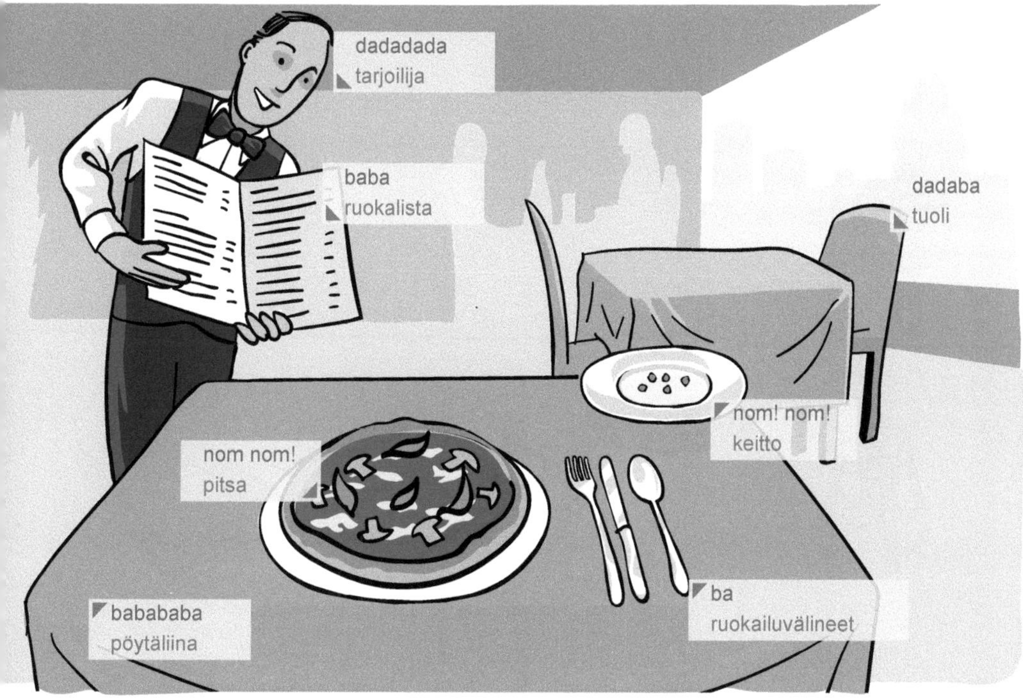

nom! nom!
....
alkuruoka

nom! nom!
....
pääruoka

nom nom!
....
jälkiruoka

dadababa
....
juomat

nom nom!
....
ruoka

nom nom!
....
pullo

nom! nom!

pikaruoka

nom! nom!

katuruoka

babababa

teekannu

nom! nom!

sokeriastia

nom nom!

annos

dadaba

espressokeitin

bababa

syöttötuoli

ba

lasku

bababa

tarjotin

ba

veitsi

babadada

haarukka

dadaba

lusikka

bababa

teelusikka

dadaba

servietti

ba

lasi

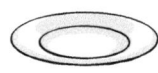

nom nom!

lautanen

bababa

syvä lautanen

bababa

aluslautanen

nom! nom!

kastike

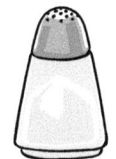

dadadada

suolasirotin

dadaba

pippurimylly

bähbäh

etikka

dadababa

öljy

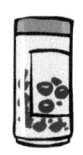

dadababa

mausteet

nom! nom!

ketsuppi

nom! nom!

sinappi

nom nom!

majoneesi

dada nom nom

supermarketti

dadababa
tarjous
FOR
dadaba
asiakas
dadaba
maitotuotteet
nom nom!
hedelmät
baba
ostoskärryt

BUTCHERS

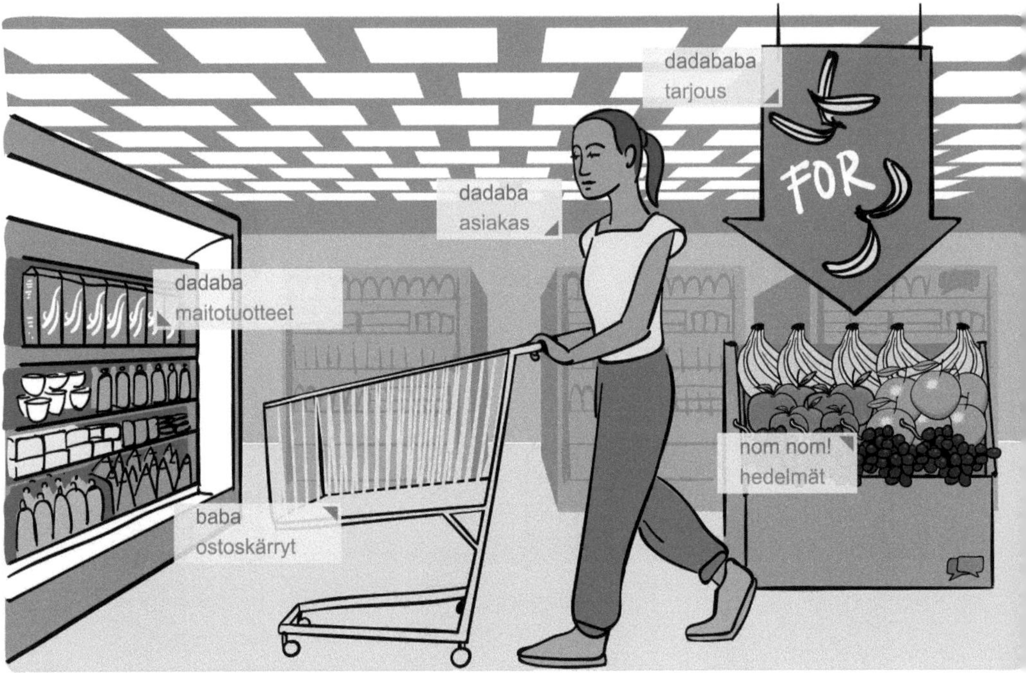

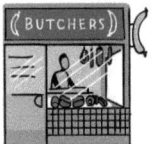

dadaba

teurastamo

BAKERY

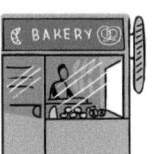

nom! nom!

leipomo

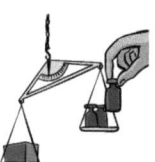

bababa

punnita

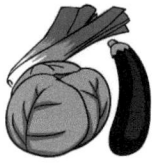

bähbäh

kasvikset

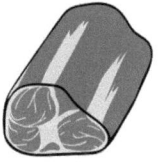

nom nom!

liha

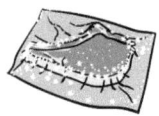

nomnom

pakasteet

nom nom!

leikkele

nomnom

säilykkeet

bababa

pesujauhe

baba

makeiset

dadaba

kotitaloustarvikkeet

dadababa

puhdistusaineet

bababa

myyjä

bababa

kassa

dadaba

kassanhoitaja

dada

ostoslista

dadababa

aukioloajat

baba

lompakko

babadada

luottokortti

dadababa

kassi

dadababa

muovipussi

wasa

vesi

dadadada

mehu

badada

maito

ba

kokis

bababa

viini

dadadada

olut

dadaba

alkoholi

bababa

kaakao

dadababa

tee

dada

kahvi

dadaba

espresso

dadababa

cappuccino

nane

banaani

nom nom!

omena

bababa

appelsiini

nom nom!

meloni

nom nom!

sitruuna

bähbäh

porkkana

bada meh

valkosipuli

dadaba

bambu

dadaba

sipuli

nom nom!

sieni

nom nom!

pähkinät

nom nom!

spagetti

nom nom!

spagetti

nom nom!

riisi

nom nom!

salaatti

nom nom!

ranskalaiset

nom nom!

paistetut perunat

nom nom!

pitsa

nom nom!

hampurilainen

nom nom!

voileipä

nom nom!

leike

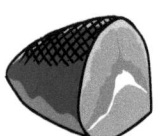

nom nom!

kinkku

nom nom!

salami

nom nom!

makkara

gack gack

kana

nom nom!

paisti

nom nom!

kala

nom nom! - ruoka

nom nom!

kaurahiutaleet

bähbäh

mysli

nom nom!

murot

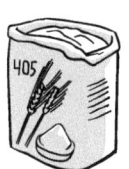

nom nom!

jauho

nom nom!

voisarvi

babadada

sämpylä

nom! nom!

leipä

nom nom!

paahtoleipä

nom nom!

keksit

nom nom!

voi

nom nom!

rahka

nom nom

kakku

dadaba

kananmuna

nom nom!

paistettu kananmuna

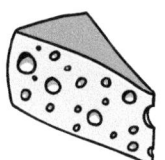

bada muh

juusto

nom nom!

jäätelö

nom nom!

sokeri

baba summ

hunaja

nom nom!

hillo

nom nom!

suklaapähkinälevite

babadada

curry

dadaba

maatila

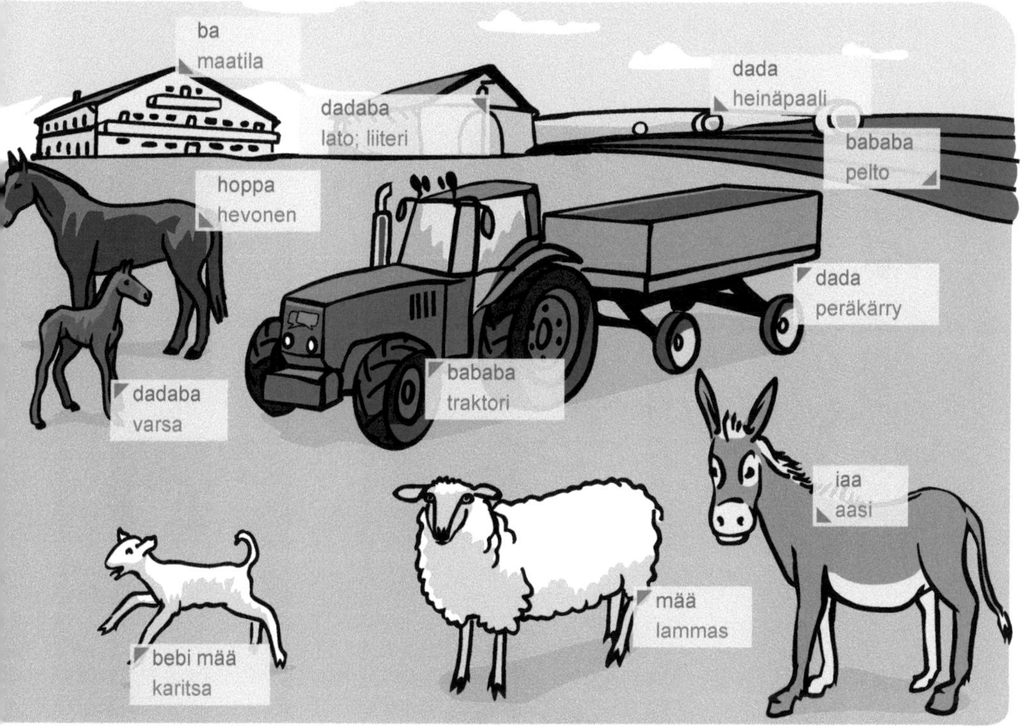

ba
maatila
dadaba
lato; liiteri
dada
heinäpaali
bababa
pelto
hoppa
hevonen
dada
peräkärry
bababa
traktori
dadaba
varsa
iaa
aasi
mää
lammas
bebi mää
karitsa

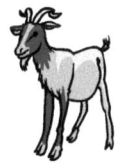

baba

vuohi

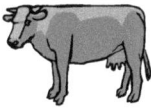

muh

lehmä

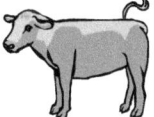

mimuh

vasikka

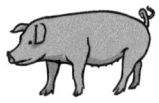

mama oink

sika

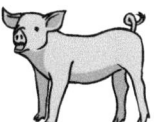

oink

porsas

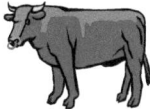

dadadada

sonni

gackgack

hanhi

gackquack

ankka

gacki

tipu

gackgack

kana

gacko

kukko

dada

rotta

mau

kissa

bababa

hiiri

muh

härkä

wauwau

koira

wauwau

koirankoppi

baba

puutarhaletku

dadababa

kastelukannu

baba

viikate

dadababa

aura

baba

sirppi

dadadada

kuokka

dada

talikko

bababa

kirves

babababa

kottikärryt

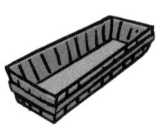

baba

kaukalo

dada muh

maitokannu

dadababa

säkki

badada

aita

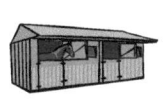

dadadada

talli

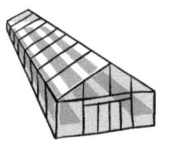

ba

kasvihuone

babadada

maa

baba

siemen

baba

lannoite

dadababa

leikkuupuimuri

bababa

kerätä sato

dadadada

sato

dadaba

jamssit

dadababa

vehnä

dadababa

soija

bababa

peruna

badada

maissi

bababa

rypsi

bababa

hedelmäpuu

dadadada

maniokki

dadababa

vilja

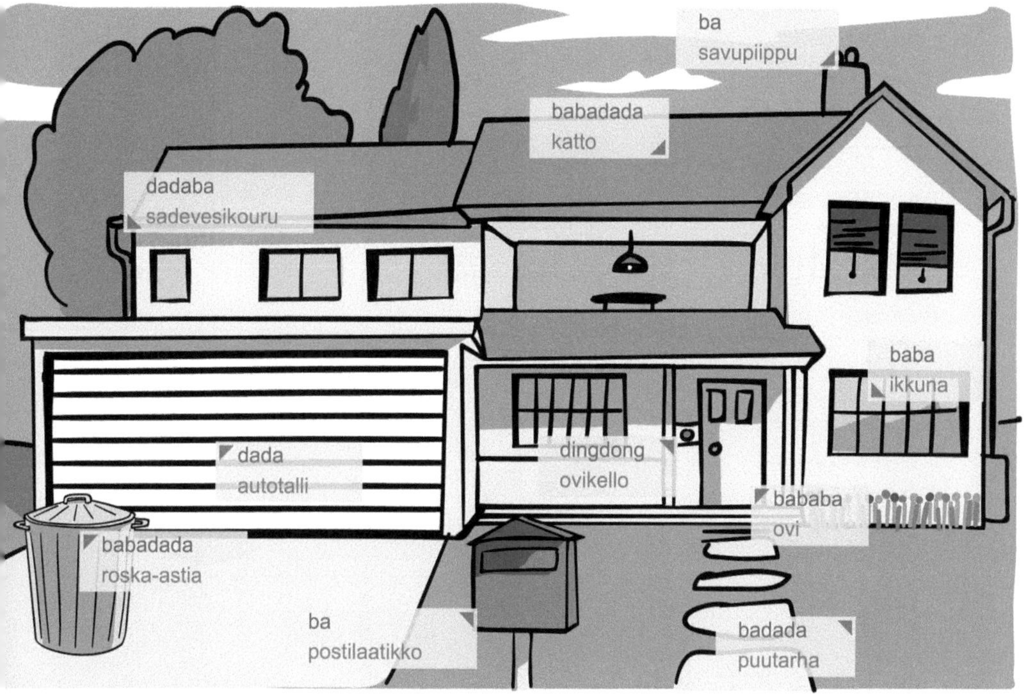

ba
savupiippu

babadada
katto

dadaba
sadevesikouru

baba
ikkuna

dada
autotalli

dingdong
ovikello

bababa
ovi

babadada
roska-astia

ba
postilaatikko

badada
puutarha

dadadada

olohuone

bababa

kylpyhuone

bababa

keittiö

dadababa

makuuhuone

meina

lastenhuone

dadaba

ruokahuone

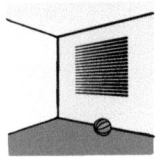

badada

lattia

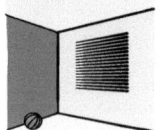

dadababa

seinä

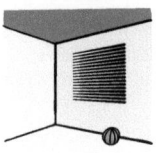

bababa

katto

dada

kellari

dadababa

sauna

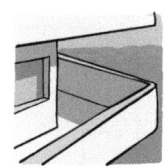

babababa

parveke

dadadada

terassi

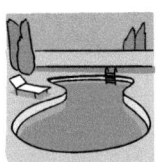

bababa

uima-allas

baba

ruohonleikkuri

dadaba

lakana

babadada

päiväpeitto

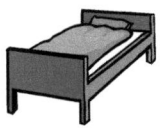

heia!

sänky

dada

harja

dadaba

ämpäri

dadababa

katkaisin

dadaba - talo

dadadada
olohuone

dadadada
tapetti
badada
kuva
badada
lamppu
dadadada
hylly
ba
kaappi
dada gucki
televisio
dadababa
takka
mama!
kukka
baba
tyyny
dada
sohva
dadaba
maljakko
baba
kaukosäädin

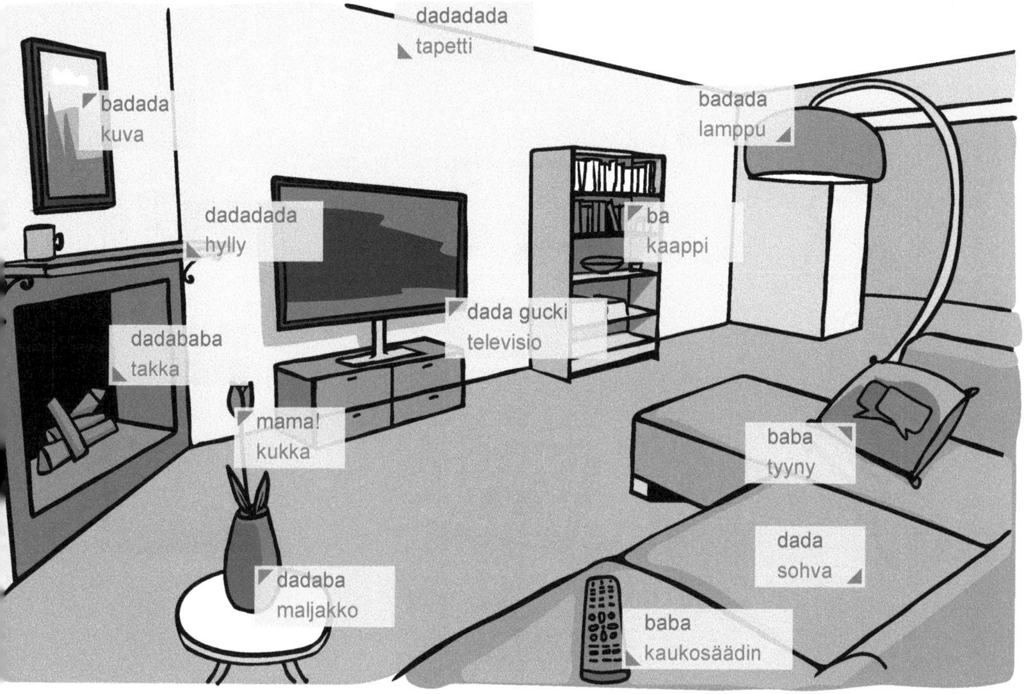

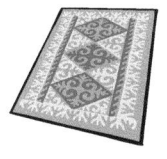

dada
matto

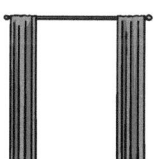

bababa
verho

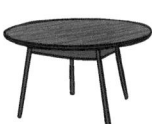

ba
pöytä

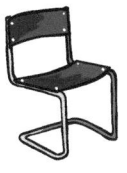

dadaba
tuoli

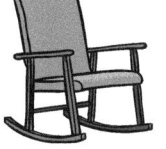

dadadada
keinutuoli

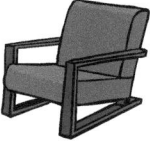

bababa
nojatuoli

dadaba

kirja

dadadada

peitto

dadaba

koriste

ba

polttopuut

dadadada

elokuva

lala

stereot

babadada

avain

dadadada

sanomalehti

dadadada

maalaus

babababa

juliste

lala

radio

dadababa

muistivihko

babadada

pölynimuri

aua!

kaktus

babadada

kynttilä

bababa
keittiö

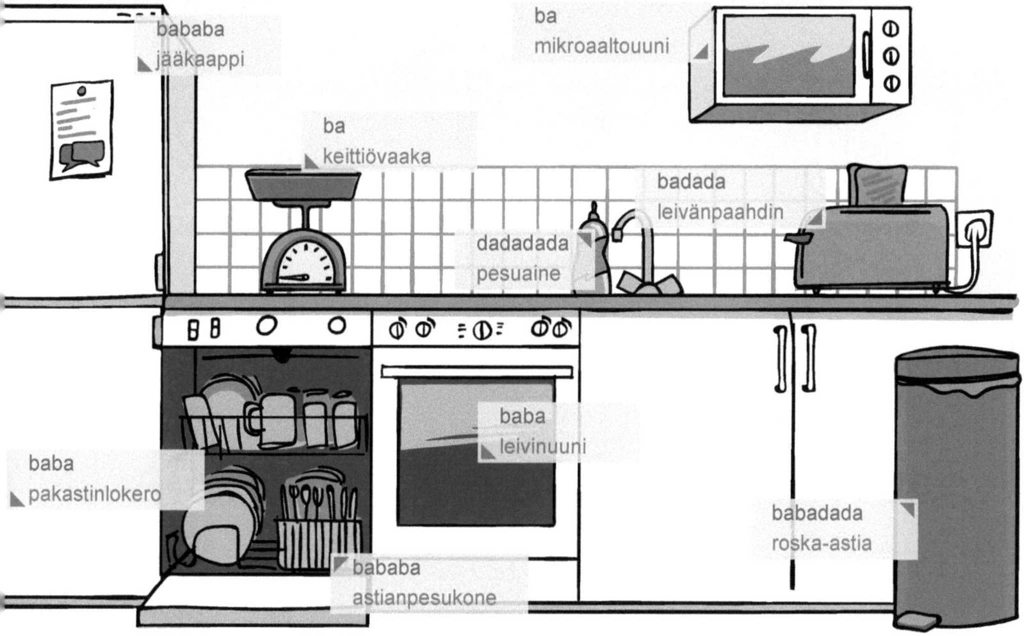

bababa
jääkaappi
ba
mikroaaltouuni
ba
keittiövaaka
badada
leivänpaahdin
dadadada
pesuaine
baba
leivinuuni
baba
pakastinlokero
babadada
roska-astia
bababa
astianpesukone

dada

liesi

dada

kattila

dada

rautapata

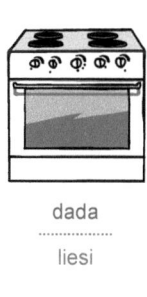

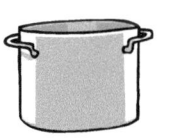

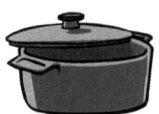

baba / dada

vokkipannu / kadai-pannu

badada

paistinpannu

ba

teepannu

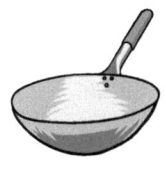

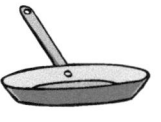

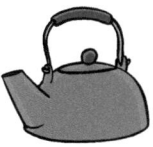

dadababa

höyrykeitin

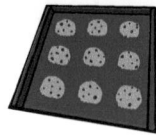

bababa

uunipelti

dadaba

astiat

dadadada

muki

dadaba

kulho

baba

syömäpuikot

dadaba

kauha

dadadada

paistinlasta

badada

vispilä

dada

siivilä

bababa

siivilä

baba

raastin

dadababa

mortteli

dada

grilli

aua!

avotuli

dadababa

leikkuulauta

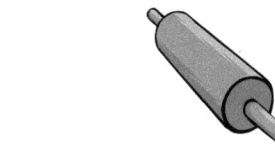

babababa

kaulin

dadababa

korkinavaaja

dadadada

purkki

bababa

purkinavaaja

dadababa

pannulappu

dadadada

lavuaari

dadababa

tiskiharja

ba

pesusieni

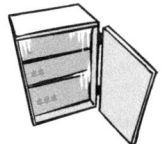

aua!

tehosekoitin

babadada

pakastin

bababa

tuttipullo

dadadada

vesihana

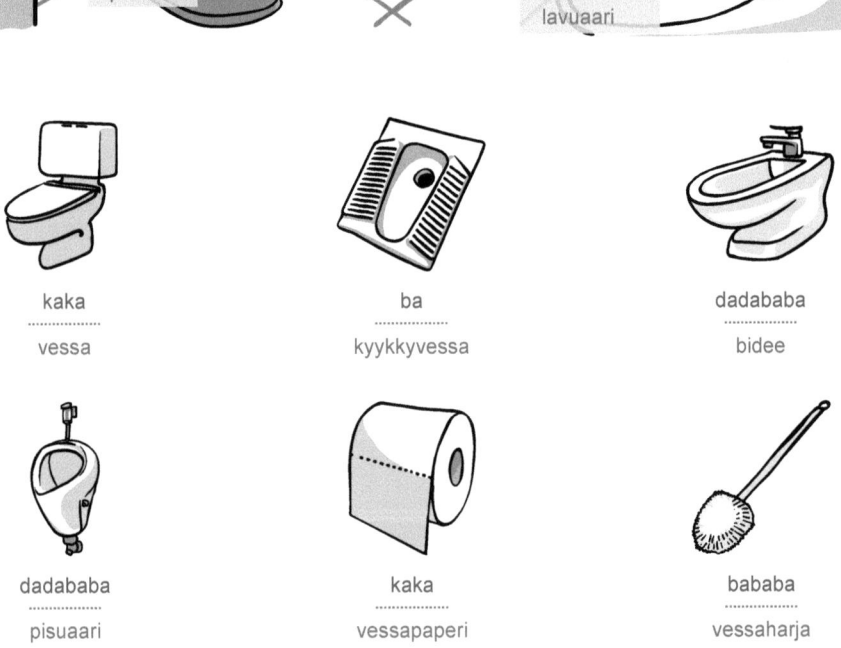

bababa
kylpyhuone

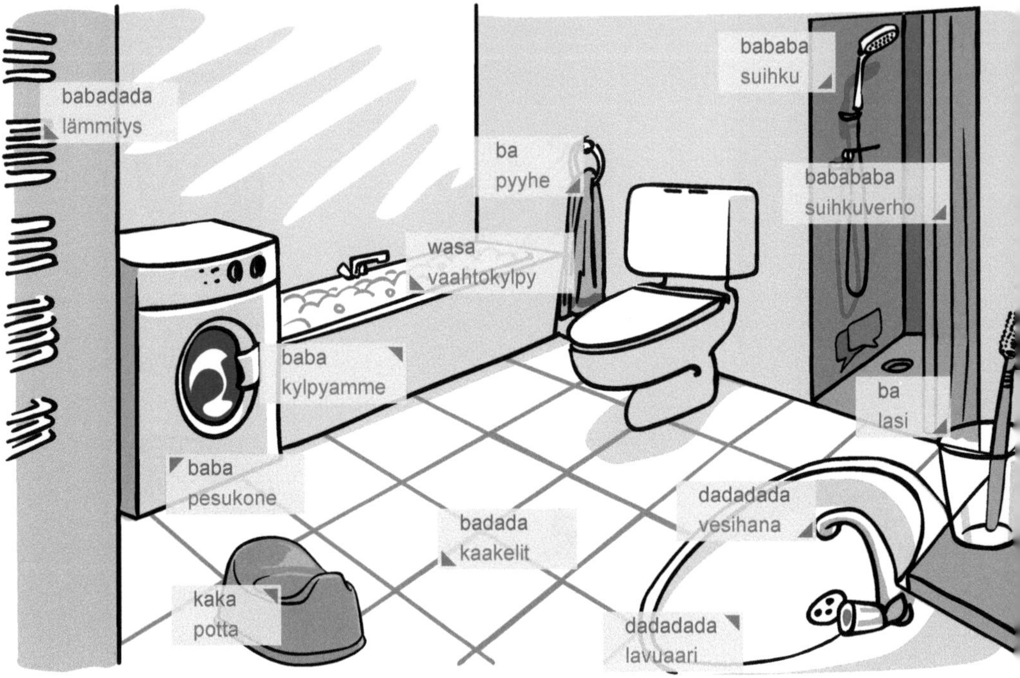

babadada
lämmitys
ba
pyyhe
bababa
suihku
babababa
suihkuverho
wasa
vaahtokylpy
baba
kylpyamme
ba
lasi
baba
pesukone
dadadada
vesihana
badada
kaakelit
kaka
potta
dadadada
lavuaari

kaka
vessa

ba
kyykkyvessa

dadababa
bidee

dadababa
pisuaari

kaka
vessapaperi

bababa
vessaharja

bababa

hammasharja

nom! nom!

hammastahna

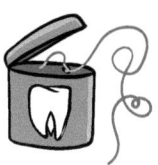

dadadada

hammaslanka

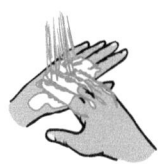

bababa

pestä

babababa

käsisuihku

dadadada

intiimisuihku

badada

pesuvati

dadadada

selkäharja

nom! nom!

saippua

nom! nom!

suihkugeeli

nom! nom!

shampoo

babadada

pesulappu

dadaba

viemäri

nom! nom!

voide

babababa

deodorantti

dadadada

peili

dadadada

käsipeili

ba

partaveitsi

nom! nom!

partavaahto

nam! nam!

partavesi

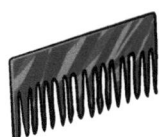

dadababa

kampa

baba

harja

dadadada

hiustenkuivaaja

badada

hiuslakka

dadaba

meikki

mama!

huulipuna

ba

kynsilakka

bababa

pumpuli

dadadada

kynsisakset

bababa

hajuvesi

dadadada

kosmetiikkalaukku

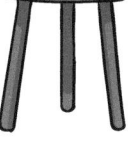

babababa

jakkara

dadadada

vaaka

ba

kylpytakki

babababa

kumihansikkaat

ba

tamponi

bababa

terveysside

baba

kemiallinen wc

meina

lastenhuone

bababa
herätyskello
bababa
pehmolelu
auto
leikkiauto
dadadada
helistin
bababa
nukkekoti
babababa
lahja

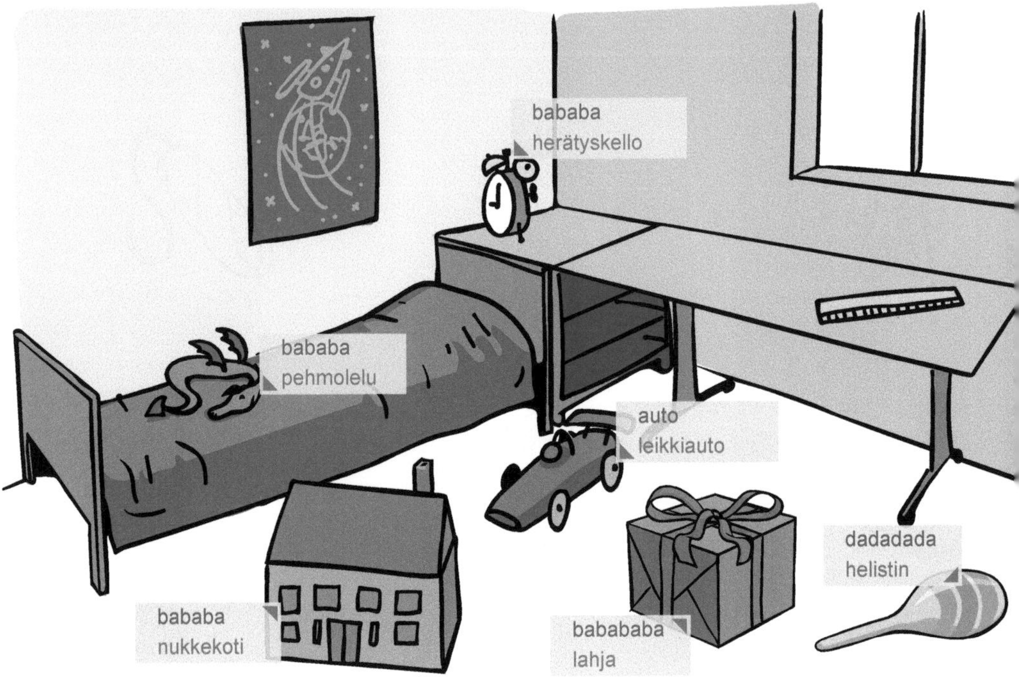

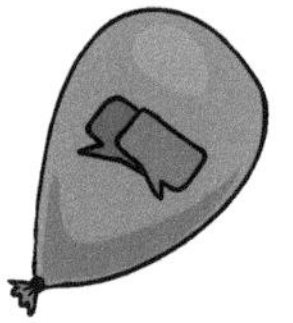

dadadada

ilmapallo

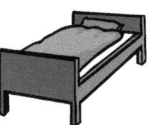

heia!

sänky

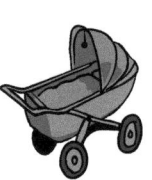

dadaba

lastenvaunut

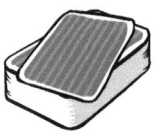

dadababa

korttipeli

bababa

palapeli

SUPER MEGA

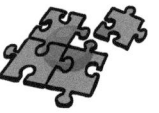

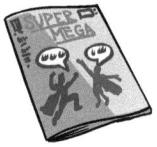

dadababa

sarjakuva

badada

legopalikat

badada

rakennuspalikat

dada

supersankari

dadadada

potkupuku

dadaba

frisbee

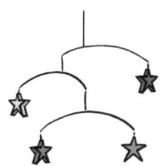

dadaba

mobile

ba

lautapeli

baba

noppa

dadababa

pienoisjunarata

lula

tutti

baba

juhlat

dadaba

kuvakirja

dada

pallo

dada

nukke

badada

leikkiä

dadaba

hiekkalaatikko

babababa

keinu

dadababa

lelut

dadaba

pelikonsoli

babadada

kolmipyörä

dadababa

nalle

dadaba

vaatekaappi

baba

vaatteet

dadadada

sukat

ba

nylonsukat

dada

sukkahousut

bababa
kaulaliina

bababa
sateenvarjo

dadababa
vyö

badada
t-paita

ba
lenkkarit

baba
saappaat

baba
sisätossut

bababa

sandaalit

badada

kengät

dada

kumisaappaat

ba

alushousut

baba

rintaliivit

dadadada

aluspaita

badada

body

ba

housut

bababa

farkut

dada

hame

bababa

pusero

dadadada

paita

baba

villapaita

baba

collegepaita

babadada

jakku

baba

takki

bababa

takki

dadababa

sadetakki

bababa

puku

ba

mekko

dadaba

hääpuku

dadadada	bababama	heia
puku	yöpaita	pyjama

baba	dadadada	dada
shari	päähuivi	turbaani

dada	baba	dadadada
burka	kaftaani	abaya

wasa	bababa	dadababa
uimapuku	uimahousut	shortsit

babababa	baba	babababa
verkkarit	esiliina	käsineet

dadaba

nappi

babadada

silmälasit

dada

rannekoru

dadababa

kaulakoru

bababa

sormus

dadababa

korvakoru

dada

lippalakki

babadada

ripustin

dadababa

hattu

bababa

solmio

badada

vetoketju

dadaba

kypärä

dada

henkselit

babadada

koulupuku

bababababa

univormu

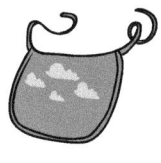

namnam

ruokalappu

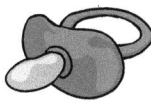

lula

tutti

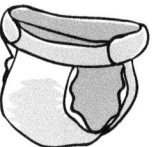

kaka!

vaippa

baba

toimisto

dadaba
palvelin
dadababa
asiakirjakaappi
badada
tulostin
dadadada
paperi
dadadada
näyttö
ba
kirjoituspöytä
baba
hiiri
dadaba
kansio
dada
näppäimistö
babadada
roskakori
dada
tietokone
bababa
tuoli

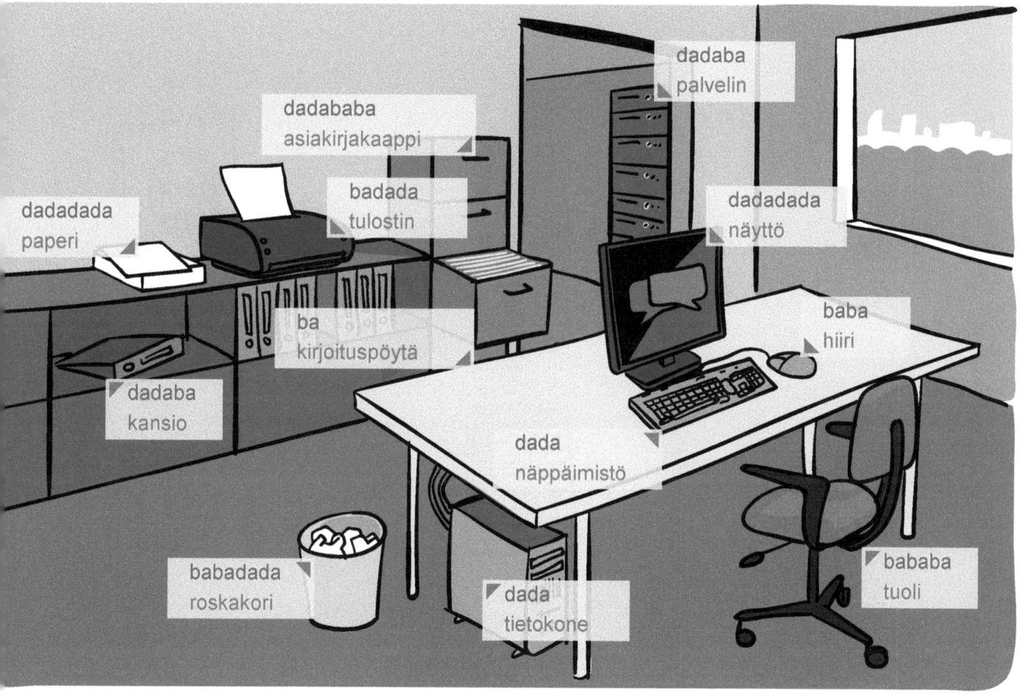

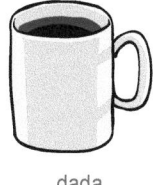

dada

kahvimuki

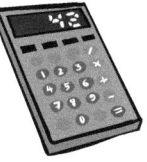

bababa

taskulaskin

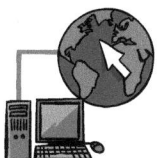

da da

internet

papa!

kannettava tietokone

dadababa

kirje

ba

viesti

fon

kännykkä

bababa

verkko

ba

kopiokone

bababa

ohjelmisto

dada bing

puhelin

aua!

pistorasia

bababa

faksi

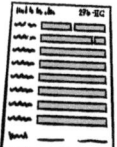

dadaba

lomake

bababa

asiakirja

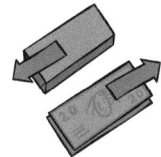

baba

ostaa

dadadada

maksaa

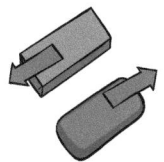

dadaba

vaihtaa

badada

raha

babadada

dollari

dadaba

euro

bababa

jeni

ba

rupla

dada

frangi

dada

renminbi juan

ba

rupia

ba

pankkiautomaatti

dadadada

rahanvaihto

dadadada

kulta

baba

hopea

dadadada

öljy

ba

energia

dadadada

hinta

baba

sopimus

bababa

vero

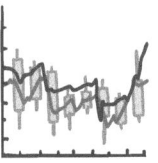

dadadada

osake

dadaba

työskennellä

dadadada

työntekijä

dadababa

työnantaja

dadaba

tehdas

ba

liike

badada - talous

baba
poliisi

dada
palomies

bababab
kokki

aua!
lääkäri

bababa
lentäjä

bababa

puutarhuri

bababa

puuseppä

baba

ompelija

bababa

tuomari

dadaba

kemisti

dadababa

näyttelijä

ba

linja-autonkuljettaja

auto mann

taksinkuljettaja

bababa

kalastaja

dadadada

siivooja

dadadada

katontekijä

dadadada

tarjoilija

badada

metsästäjä

dadadada

maalari

dadababa

leipuri

papa!

sähköasentaja

bababababa

rakentaja

bababa

insinööri

dadababa

teurastaja

dadadada

putkiasentaja

bababa

postinjakaja

dadadada

sotilas

ba

arkkitehti

dadaba

kassanhoitaja

bababa

floristi

babadada

kampaaja

bababa

konduktööri

dadaba

mekaanikko

dada

kapteeni

badada

hammaslääkäri

ba

tiedemies

bababa

rabbi

dadaba

imaami

dada

munkki

dadadada

pappi

dada
työkalut

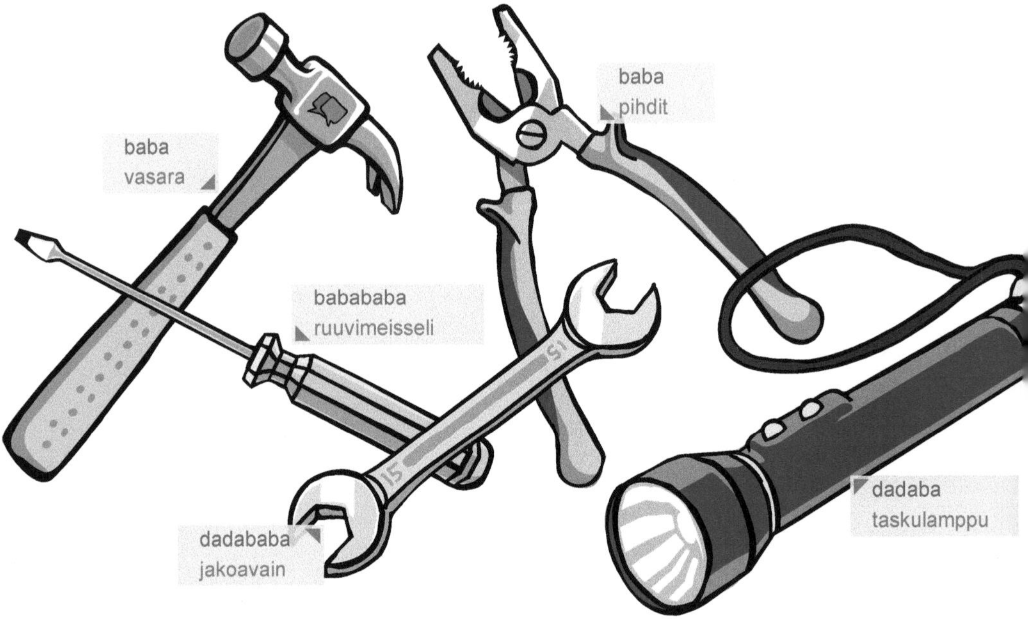
baba
vasara
baba
pihdit
babababa
ruuvimeisseli
dadababa
jakoavain
dadaba
taskulamppu

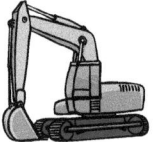

dadaba

kaivinkone

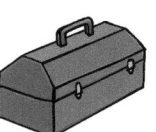

baba

työkalupakki

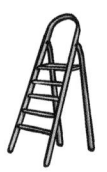

babababa

tikkaat

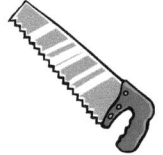

dadaba

saha

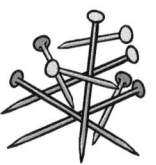

babadada

naulat

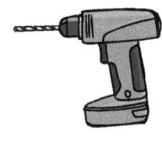

dada

pora

dadababa

korjata

dada

lapio

aua!

Hitto!

dada

rikkalapio

dadaba

maalipurkki

babababa

ruuvit

bababa
soittimet

boom boom
kaiuttimet

bungas
rummut

ba
kitara

dadababa
kontrabasso

bombede
trumpetti

bingbing

piano

bababa

viulu

ba

basso

badada

patarummut

bunga bunga

rumpu

badada

kosketinsoitin

dadababa

saksofoni

dadababa

huilu

dadadada

mikrofoni

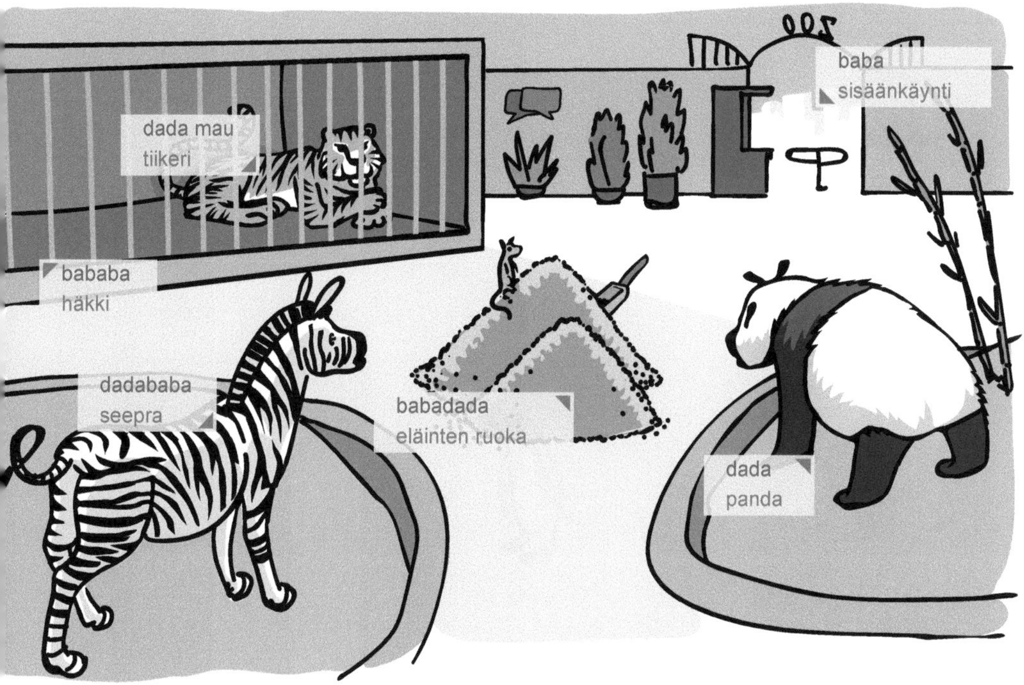

baba
sisäänkäynti

dada mau
tiikeri

bababa
häkki

dadababa
seepra

babadada
eläinten ruoka

dada
panda

dadadada

eläimet

bababa

norsu

dadaba

kenguru

babadada

sarvikuono

dada

gorilla

babababa

karhu

dadaba

kameli

gackgack

strutsi

babadada

leijona

dadaba

apina

gackgack

flamingo

bababa

papukaija

bababa

jääkarhu

dada

pingviini

bababa

hai

dadaba

riikinkukko

badada

käärme

babababa

krokotiili

dadadada

eläintarhanhoitaja

dada

hylje

bababa

jaguaari

ei!

poni

dadadada

leopardi

dada

virtahepo

babababa

kirahvi

bababa

kotka

babadada

villisika

nom nom!

kala

dadadada

kilpikonna

anje

mursu

dadadada

kettu

bababa

gaselli

dadababa
amerikkalainen jalkapallo

dadaba
pyöräily

bum bum
tennis

ball
koripallo

badada
uinti

aua!
nyrkkeily

baba
jääkiekko

dadadada
jalkapallo

badada
sulkapallo

dadababa
yleisurheilu

ball
käsipallo

dadadada
hiihto

baba
poolo

dadadada
aktiviteetit

dada
hypätä
bababa
halata
baba
nauraa
dada
kävellä
dadababa
laulaa
dadababa
unelmoida
dadadada
rukoilla
mama!
suudella

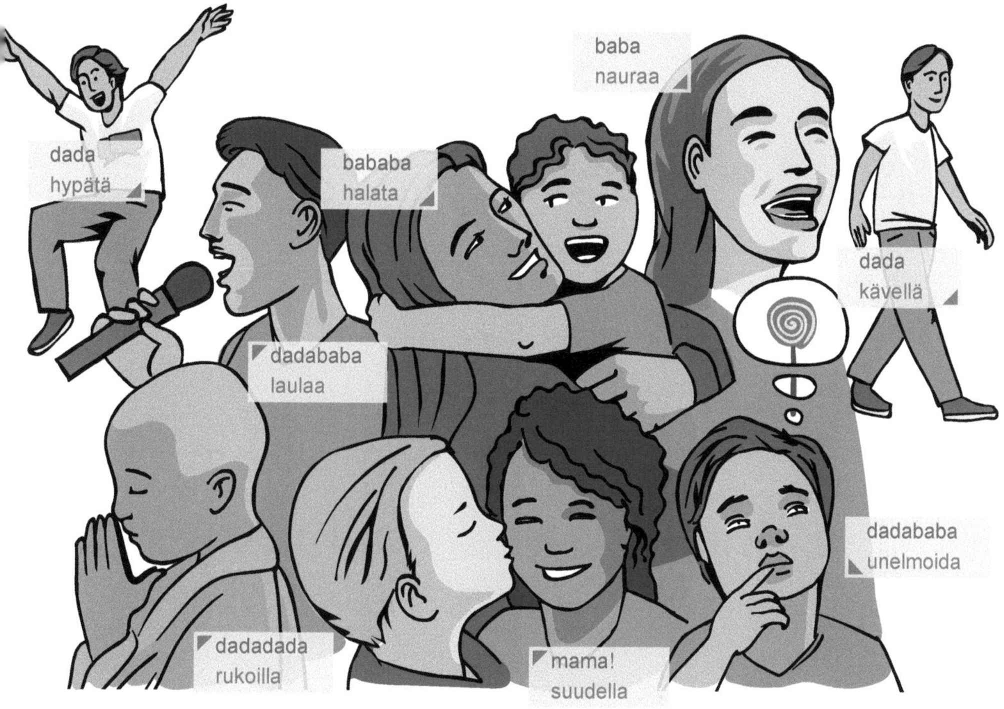

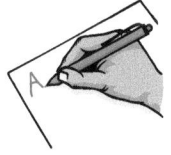

dadaba
kirjoittaa

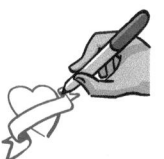

dada
piirtää

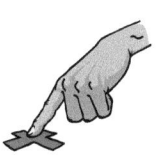

dadababa
näyttää

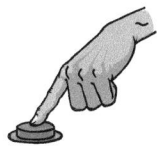

dada
painaa

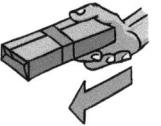

badada
antaa

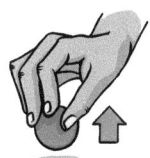

dadaba
ottaa

dadaba

omistaa

dadadada

tehdä

babadada

olla

dadadada

seisoa

baba

juosta

dadababa

vetää

dadadada

heittää

dadaba

kaatua

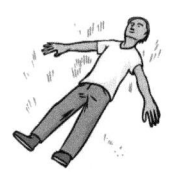

badada

maata

dadaba

odottaa

bababa

kantaa

ba

istua

dadababa

pukeutua

heia!

nukkua

bababa

herätä

bababababa

katsoa

baaaaaa

itkeä

dadadada

silittää

bababa

kammata

bababa

puhua

baba

ymmärtää

badada

kysyä

dadababa

kuunnella

bababa

juoda

nomnom!

syödä

badada

siivota

ba

rakastaa

badada

keittää

dadababa

ajaa

dadadada

lentää

dadababa

purjehtia

dadababa

laskea

dadadada

lukea

dadababa

oppia

dadaba

työskennellä

baba

mennä naimisiin

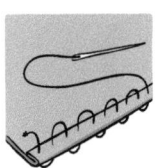

dada

ommella

aua!

pestä hampaat

aua!

tappaa

dadababa

tupakoida

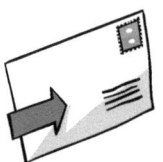

babababa

lähettää

oma!
mummo
opa!
ukki
papa!
isä
mama!
äiti
bebi
vauva
ba
tytär
badada
poika

baba

vieras

ba

täti

bababa

setä

nein!

veli

nein!

sisko

dadababa
vartalo

bababa
otsa
dada
silmä
bababa
olkapää
dada
sormet
dada
kasvot
dadababa
leuka
baba
käsi
dadaba
jalka
da
rinta
bababa
käsivarsi

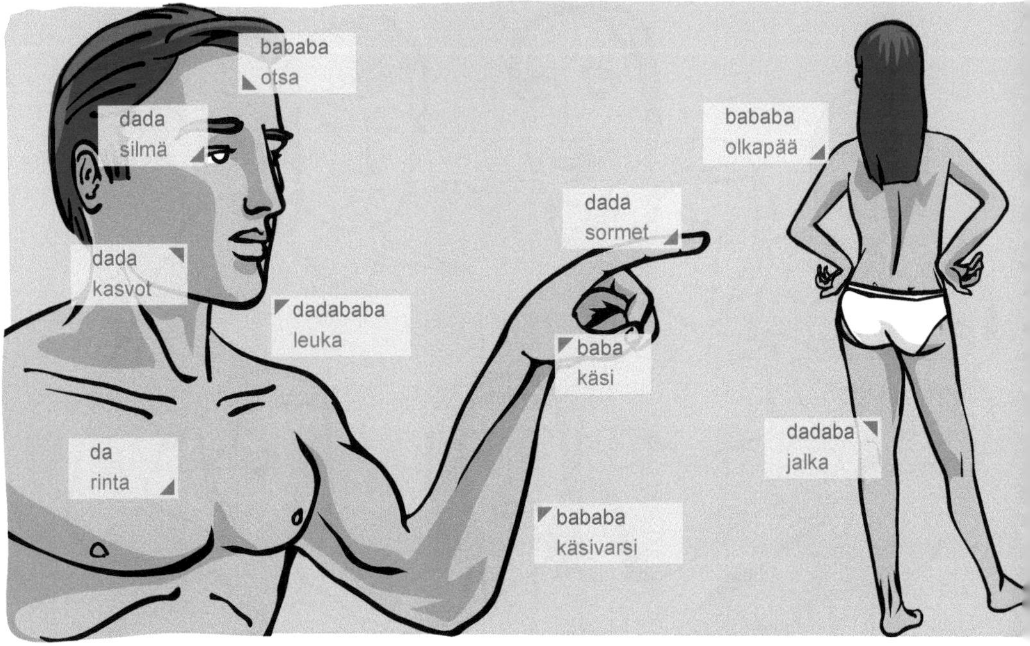

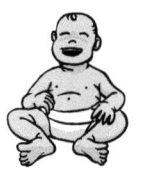

bebi
vauva

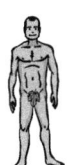

papa!
mies

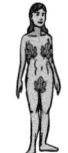

mama
nainen

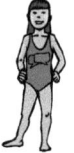

baba
tyttö

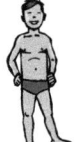

babadada
poika

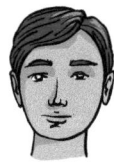

bababa
pää

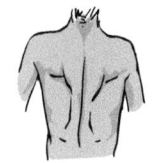

baba

selkä

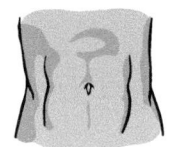

dadababa

maha

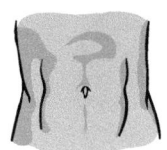

dada

napa

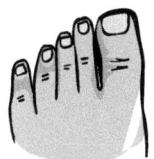

dadababa

varvas

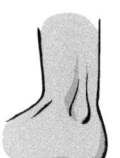

ba

kantapää

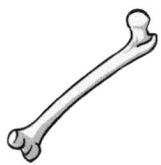

badada

luu

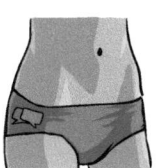

bababa

lantio

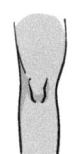

dada

polvi

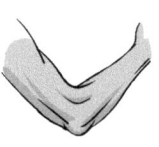

dadadada

kyynärpää

bababa

nenä

popo

takapuoli

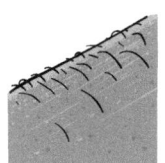

dadaba

iho

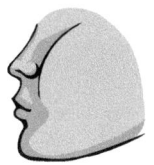

badada

poski

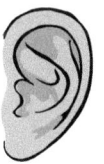

dada

korva

babababa

huuli

dadababa

suu

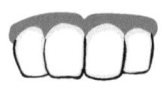

dadadada

hammas

baba

kieli

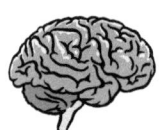

dadadada

aivot

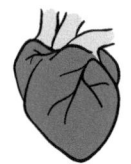

baba

sydän

dada

lihas

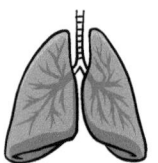

dada

keuhkot

dada

maksa

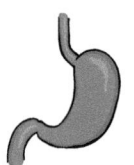

dadababa

vatsa

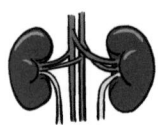

dadaba

munuaiset

babadada

seksi

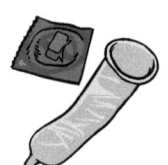

dada

kondomi

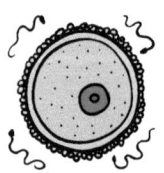

badada

munasolu

dadababa

sperma

dadababa

raskaus

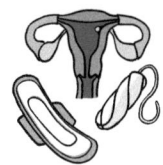

ba

kuukautiset

mumu

vagina

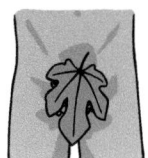

pipi

penis

dada

kulmakarvat

dadababa

hiukset

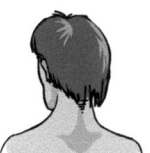

bababa

niska

aua!
sairaala

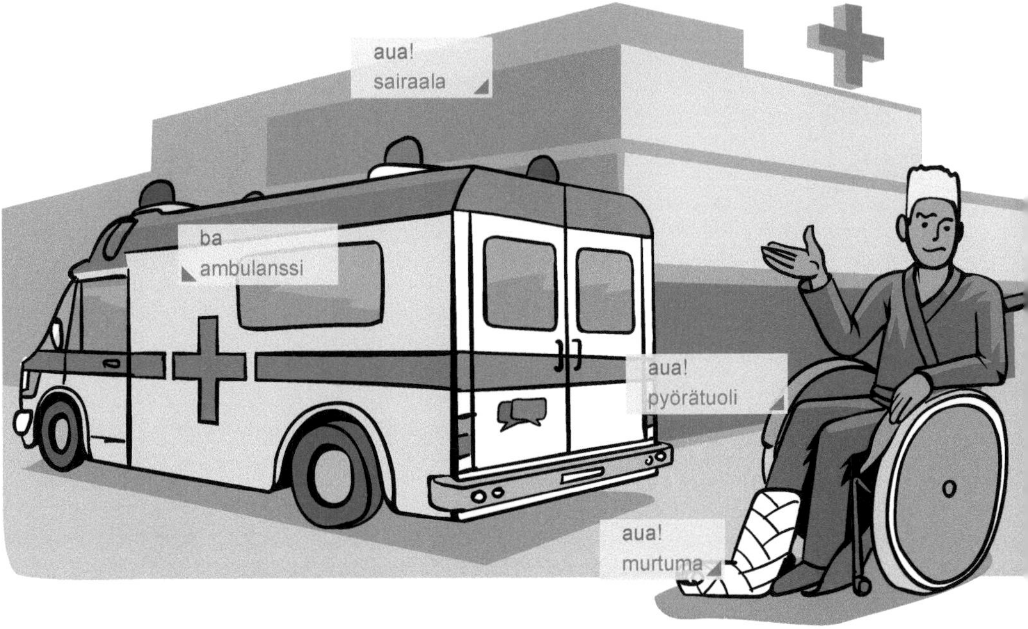

ba
ambulanssi

aua!
pyörätuoli

aua!
murtuma

aua!

lääkäri

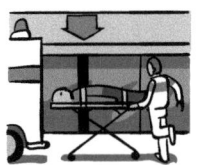

aua!

ensiapu

aua!

sairaanhoitaja

aua!

hätätilanne

aua!

tajuton

dadababa

kipu

aua!

vamma

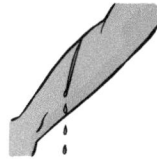

dadadada

verenvuoto

aua!

sydänkohtaus

aua!

aivoinfarkti

dadababa

allergia

aua!

yskä

aua!

kuume

aua!

flunssa

aua!

ripuli

aua!

päänsärky

aua!

syöpä

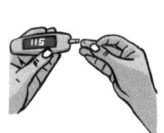

aua!

diabetes

aua!

kirurgi

aua!

veitsi

aua!

leikkaus

aua!

ct

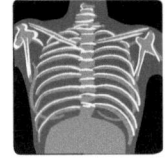

aua!

röntgen

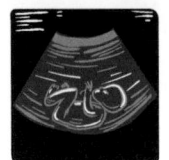

aua!

ultraääni

aua!

maski

aua!

sairaus

aua!

odotushuone

aua!

sauva

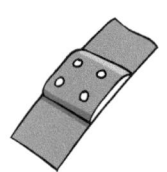

aua!

laastari

dadababa

side

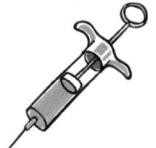

aua!

pistos

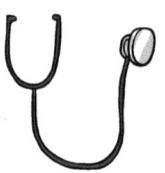

aua!

stetoskooppi

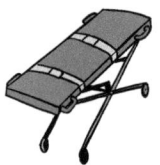

aua!

paarit

aua!

kuumemittari

aua! bebi!

syntymä

aua!

ylipaino

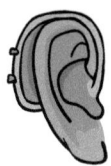

aua!

kuulolaite

aua!

desinfiointiaine

aua!

infektio

aua!

virus

aua!

HIV / AIDS

aua!

lääke

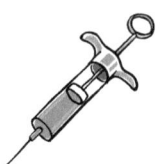

aua!

rokotus

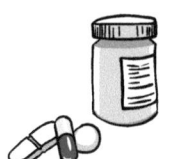

aua!

tabletit

dadaba

pilleri

aua!

hätäpuhelu

aua!

verenpainemittari

da / ba

sairas / terve

aua!

Apua!

aua!

hälytys

aua!

ryöstö

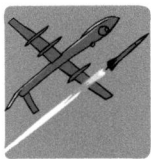

aua!

hyökkäys

aua!

vaara

dadadada

hätäuloskäynti

dadaba

Tulipalo!

dadaba

palosammutin

aua! aua!

onnettomuus

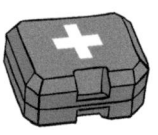

aua!

ensiapulaukku

baba

SOS

dadadada

poliisilaitos

badada

Eurooppa

dadaba

Pohjois-Amerikka

dadababa

Etelä-Amerikka

dadaba

Afrikka

dadaba

Aasia

babababa

Australia

badada

Atlantin valtameri

dadaba

Tyynimeri

baba

Intian valtameri

bababa

Eteläinen jäämeri

dadababa

Pohjoinen jäämeri

bababa

pohjoisnapa

dadababa
....
etelänapa

dadaba
....
Antarktis

dada
....
maa

dadaba
....
maa

badada
....
meri

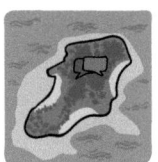

dadadada
....
saari

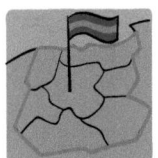

dadadada
....
kansa

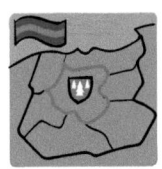

dadababa
....
osavaltio

baba

kellotaulu

babadada

tuntiviisari

baba

minuuttiviisari

bababa

sekuntiviisari

dadababa

Paljonko kello on?

babadada

päivä

dada

aika

baba

nyt

dadababa

digitaalikello

dadababa

minuutti

bababa

tunti

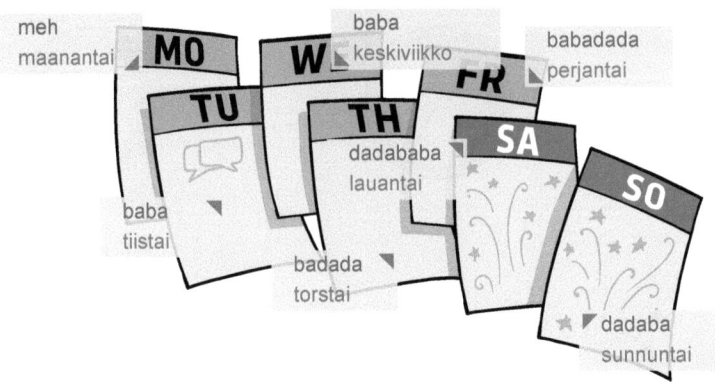

meh maanantai · MO
baba keskiviikko · W
babadada perjantai · FR
TU
baba tiistai
TH · dadababa lauantai
SA
SO
badada torstai
dadaba sunnuntai

dadadada
....
eilen

dadababa
....
tänään

dadaba
....
huomenna

baba
....
aamu

baba
....
keskipäivä

dadadada
....
ilta

dada
....
työpäivät

baba
....
viikonloppu

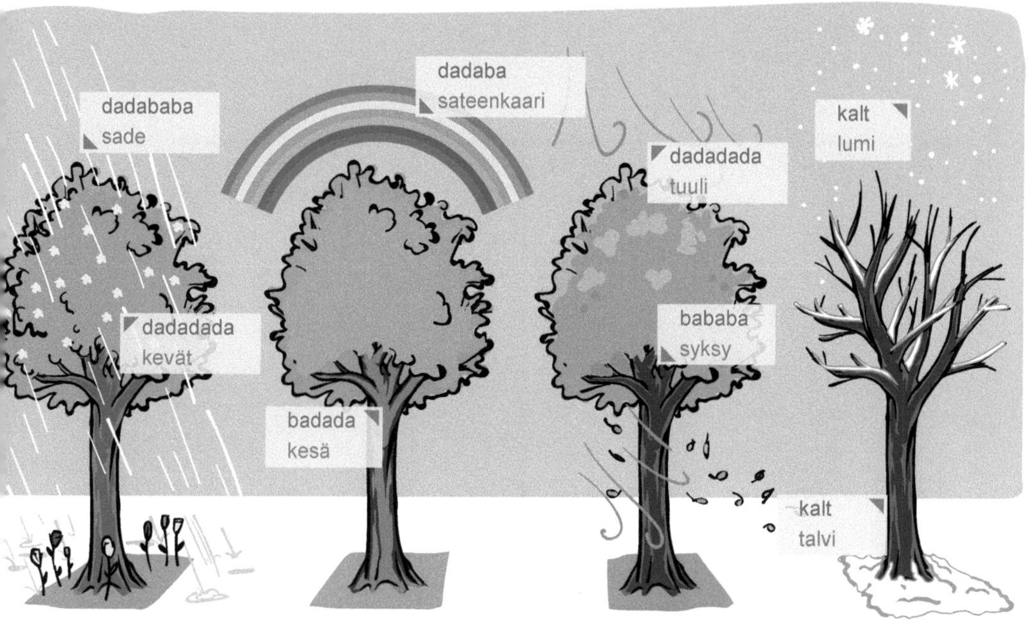

dadababa
sade

dadaba
sateenkaari

dadadada
tuuli

kalt
lumi

dadadada
kevät

badada
kesä

bababa
syksy

kalt
talvi

dadababa
sääennuste

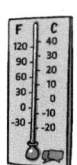

bababa
lämpömittari

ba
auringonpaiste

baba
pilvi

dadadada
sumu

dada
ilmankosteus

dadababa

salama

dada

ukkonen

badada

myrsky

dadababa

rae

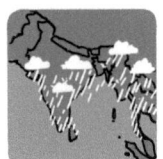

bababa

monsuuni

dadaba

tulva

dadadada

jää

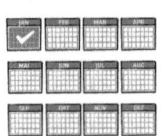

dadaba

tammikuu

dadaba

helmikuu

bababa

maaliskuu

dadadada

huhtikuu

dadadada

toukokuu

babababa

kesäkuu

baba

heinäkuu

bababa

elokuu

dadaba - vuosi

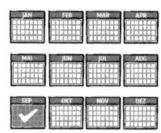

dadadada

syyskuu

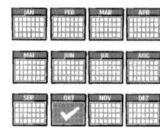

badada

lokakuu

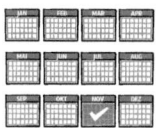

dadababa

marraskuu

baba

joulukuu

dadababa
muodot

baba

ympyrä

badada

neliö

dadababa

suorakulmio

babababa

kolmio

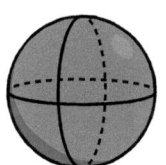

dadadada

pallo

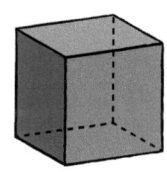

babababa

kuutio

dadababa

valkoinen

babababa

keltainen

baba

oranssi

dadadada

vaaleanpunainen

babadada

punainen

dadababa

violetti

dadadada

sininen

ba

vihreä

baba

ruskea

bababa

harmaa

badada

musta

da / ba

paljon / vähän

da / ba

vihainen / ystävällinen

da / ba

kaunis / ruma

da / ba

alku / loppu

da / ba

suuri / pieni

da / ba

vaalea / tumma

da / ba

veli / sisko

da / ba

puhdas / likainen

da / bada

täydellinen / epätäydellinen

da / ba

päivä / yö

da / ba

kuollut / elävä

da / ba

leveä / kapea

da / ba

syötävä / syömäkelvoton

da / ba

paha / kiltti

ba / ba

innostunut / tylsistynyt

da / ba

lihava / laiha

ba / ba

ensimmäinen / viimeinen

da / bada

ystävä / vihollinen

da / ba

täysi / tyhjä

da / ba

kova / pehmeä

da / ba

painava / kevyt

da / bada

nälkä / jano

da / ba

sairas / terve

da / ba

laiton / laillinen

da / ba

älykäs / tyhmä

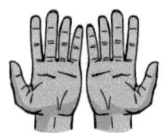

ba / ba

vasen / oikea

da / ba

lähellä / kaukana

da / bada

uusi / käytetty

da / ba

ei mitään / jotain

ba / ba

vanha / nuori

da / ba

päällä / pois päältä

da / ba

auki / kiinni

da / ba

hiljainen / äänekäs

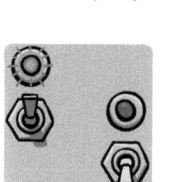

ba / ba

rikas / köyhä

da / ba

oikein / väärin

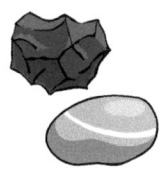

da / ba

karhea / sileä

ba / ba

surullinen / iloinen

da / ba

lyhyt / pitkä

da / ba

hidas / nopea

da / bada

märkä / kuiva

da / bada

lämmin / viileä

da / ba

sota / rauha

0

dada

nolla

1

a

yksi

2

ba

kaksi

3

da ba da

kolme

4

badabada

neljä

5

dadababa

viisi

6

dadaba

kuusi

7

badada

seitsemän

8

dadababa

kahdeksan

9

dadaba

yhdeksän

10

dadadada

kymmenen

11

badada

yksitoista

12

baba

kaksitoista

13

bababa

kolmetoista

14

baba

neljätoista

15

babadada

viisitoista

16

dadababa

kuusitoista

17

babababa

seitsemäntoista

18

dadababa

kahdeksantoista

19

bababa

yhdeksäntoista

20

dadababa

kaksikymmentä

100

baba

sata

1.000

baba

tuhat

1.000.000

dadababa

miljoona

baba

englanti

babadada

amerikanenglanti

dadababa

mandariinikiina

ba

hindi

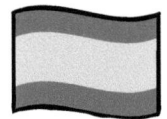

badada

espanja

ohlala

ranska

babadada

arabia

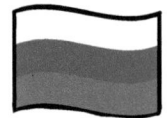

dadaba

venäjä

dada

portugali

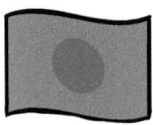

dadadada

bengali

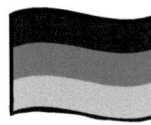

badada

saksa

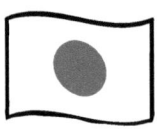

dadadada

japani

a

minä

dadadada

sinä

da / da / da

hän

o ba ma

me

babababa

te

baba

he

dadadada

kuka?

dadadada

mitä / mikä?

baba

miten?

babababa

missä?

babadada

milloin?

dadaba

nimi

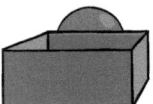

baba
....
takana

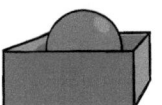

dadaba
....
sisällä

baba
....
edessä

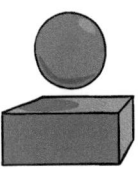

ba
....
yläpuolella

baba
....
päällä

dadababa
....
alapuolella

babababa
....
vieressä

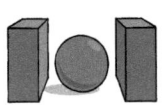

ba
....
välissä

dada
....
paikka